감수 선생님의 글

우리 주변에는 고개만 둘러봐도 다양한 지식과 유용한 정보가 넘칩니다. 텔레비전, 컴퓨터, 태블릿 PC, 스마트폰 등 다양한 정보기기가 그 역할을 하고 있지요. 그래서 마음만 먹으면 온갖 지식을 모두 내 것으로 만들 수 있을 것만 같아요. 하지만 현실은 학원도 다녀야 하고, 인터넷 게임도 해야 하고, 학교 숙제에 놀이터에서 친구들과 놀기도 너무 바쁜걸요.

책 읽으라는 말을 귀에 못이 박히도록 듣고 있지만, 책 읽기가 귀찮고, 따분하고, 끌리지 않는 친구들도 있을 거예요. 그런 친구들에게 이 책은 정말 시간 가는 줄 모르고 단숨에 읽히는 책이 될 수 있답니다. 아마도 학교 도서실에 가면 너무 재미있어서 서로 빌려보겠다고 기다리고 있을지도 몰라요. 왜냐하면, 내가 즐기던 게임 속 캐릭터들이 다양한 에피소드로 재미있는 과학 상식들을 보여주니까요. 그리고 OX 퀴즈로 재미있게 마무리까지! 기대되지 않나요?

여러분이 살아갈 미래 사회에는 '창의성'이 가장 중요한 재능이 될 거랍니다. 별생각 없이 하라는 대로만 하는 학습은 창의력 계발에 도움이 되지 못할 거예요. 자기 일에 흥미를 느끼고 창의적으로 생각할 수 있는 사람이 미래 사회에서 필요한 전문가입니다. 창의성을 키우려면 평소에 궁금한 점을 일깨우고 생각하는 힘을 키워야 한답니다. 궁금한 점이 있다는 것은, 나 자신은 물론 전 세계까지 바꿔 놓을 수 있는 큰 힘이 될 수 있어요.

《O X퀴즈 서바이벌 과학 상식이야기》는 초등학생들이 과학에 호기심을 갖고 흥미로움을 느낄 수 있도록 재미있게 구성하였답니다. 이 책을 읽으면 다양한 과학 상식 이야기들을 쉽고 흥미롭게 만날 수 있을 거예요. 그러다 보면 어느덧 주변의 과학적 현상이나 사회적 현상에도 조금씩 관심이 생기고, 호기심이라는 흥미로운 보물이 생기겠죠? 그 호기심은 여러분의 큰 재산이 될 거예요.

이 책과 함께 과학 상식을 키우며 미래를 슬기롭게 대비해 가는 여러분을 발견하시기 바랍니다.

회룡초등학교 교사 전순옥

레드
누군가 위험에 처하면
달려가 도움을 줌

용병
전투를 즐김
힘든 일은 도맡아서
하는 스타일

캡틴
우리의 영원한 캡틴!
무슨 일이 생기면
항상 먼저 나서서
진두지휘함

로봇짱
정체불명의 로봇
생각을 읽을 수 없음

나미
메가-Z의 파일럿!
평소엔 평범한 학생
말괄량이 스타일

OX맨
승부욕이 강해
무슨일이든 도전하는 걸
좋아함
OX걸과 짝꿍

메가-Z
지구 방위를 위해
탄생한 메가-Z
하지만 아직까진
평화로운 지구

OX걸
평소엔 얌전하고
조용한 성격이지만
화가 나면 까칠해짐
OX맨과 짝꿍

닌자
부끄러움을 많이 탐
남들 시선을 피해
은신해서 다님

좀비
아무 생각이 없음
멍때리면서 산책하기를
좋아함

용용이
경계심이 많지만
친한 사람에겐
애교도 부림

선녀
하계에 내려왔다가
나무꾼을 만남
여린 마음에 나무꾼만을
두고 가지 못해 하계에
남아 생활을 함

다크나이트
용맹함
불 같은 성격

마법사
온화한 성격.
마을 아이들을 좋아해서
마법으로 아이들을
즐겁게 해주는 걸
좋아함

에일리언
호기심이 많음
우주 여행 중 우주인을
만나 함께 다님

바이킹
바다 건너 새로운 땅을
찾아 떠남.
모험심이 강함
터프함

우주인
우주비행선의 고장으로
표류 중 에일리언을
만나 도움을 받은 인연
으로 친구가 됨

슬라임
온몸이 액체로 되어 있어
어떠한 모양으로도
변형이 가능함

뱃살공주
사과를 너무 좋아해서
항상 사과를 들고
다니면서 먹음
그로 인해 과체중이 됨
항상 다이어트 중

소시지
캠핑장에서 구워지기 전
탈출함
항상 허둥지둥하고
실수가 많음

잭
어둠을 무서워하는
사람에게 자신을
밝혀 빛이 되어줌
도움 주기를 좋아함

Dr. F
미친 과학자.
항상 엉뚱한 실험을
많이 함
프랑켄의 창조자

사신
언제나 사람들과
친해지고 싶어해
마을을 배회하지만
정작 사람들은 외모
때문에 무서워함.
그래서 늘 외로움

프랑켄
외모와는 다르게
매우 여리고 착하다.
꽃과 동물을 좋아함

뱀파이어
차가운 외모지만
속은 따뜻하고
정이 많음

꼬마마녀
귀여운 꼬마마녀
밤하늘이 좋아
빗자루를 타고 하늘을
날아다니는 것을 즐김

늑대인간
사람을 좋아하지만
외모 콤플렉스 때문에
선뜻 앞에 나서지 못함
항상 외로워 보름달이
뜬 밤이면 밤새 움

미라
자신을 드러내기 싫어
온몸에 붕대를 감고 다님
붕대 안의 모습은 아무도
본 사람이 없음

몬스터
앞뒤 안 가리는
불 같은 성격
뭐든 일단 저지르고 봄

시바견
충성심이 강함
남의 말을 잘 들어 줌

사막여우
조심성이 많아
모습을 잘 드러내지 않음
숨어서 잘 지켜봄

거부기
토끼와 달리기 경주 중
길을 잃음
성실함
긍정적임

떡방토끼
지루한 달 생활에 지쳐
여행을 떠남
항상 가만히 있지를 못함

어흥이
용감무쌍
친구들을 잘 챙김

레서판다
장난기가 많고
온순함

MC 판다
힙합을 좋아하고
랩을 잘함
스냅백과 금목걸이는
트레이드 마크

냥이
애교가 많고
호기심이 강함

꽥꽥이
미운 오리가 그리워
찾아 떠남
물 위에 떠다니며 경치를
즐기는 걸 좋아함

찐빵맨
요리하는 것을 좋아함
엄청 달고 맛있는 팥이
있다는 소문을 듣고
찾아 떠남

아이돌-D
남자 아이돌
조용하고 얌전함

엄마몬
잔소리 많음
불 같은 성격
전형적인 엄마 스타일

아이돌-i
여자 아이돌
밝은 성격
수다 떠는 걸 좋아함

아빠짱
이해심이 많으며
항상 밝고 상냥하다

강민(츤데레)
바비의 오빠
츤데레 스타일
바비와 항상 티격태격
하면서도 많이 챙겨줌

베이비
매우 똑똑한 아이
태어난 지 얼마 안 돼서
걷기 시작하고 말을 함

바비
까칠함
외모에 신경을 많이 씀
인기가 많음

선생님
해박하고 열정적임
스타강사이며 따르는
제자들이 많음

대통령
모든 사람의 말을
잘 들어줌
이해심이 많음

플레이어
게임 속 도트 캐릭터
수동적임
주어진 임무에 충실함

찾아보기

- 1화 개가 고양이보다 귀가 더 밝을까? / 12
- 2화 사자의 혀에는 뼈가 있다? / 18
- 3화 어른과 갓난아이 중 누가 더 뼈가 많을까? / 24
- 4화 토끼는 걸을 수 없다? / 30
- 5화 여자보다 남자의 머리카락이 더 빨리 자란다? / 36
- 6화 꽃을 설탕물에 꽂아 놓으면 더 오래 산다? / 42
- 7화 사이다를 마시면 소화가 잘 된다? / 48
- 8화 목성에는 우주선이 착륙할 수 없다? / 54
- 9화 더울 땐 감기에 걸리지 않는다? / 60
- 10화 코끼리는 코로 물을 마신다? / 66
- 11화 스핑크스 고양이는 고대 이집트부터 기르기 시작했다? / 72
- 12화 판다의 주식은 대나무이다? / 78

13화 남자가 여자보다 벼락 맞을 확률이 높다? / 84
14화 지구 최초로 우주여행을 한 생명체는 개이다? / 90
15화 히말라야산맥은 바닷속에서 만들어졌다? / 96
16화 고래는 냄새를 맡을 수 없다? / 102
17화 지구에서는 달의 한쪽 면만 보인다? / 108
18화 남자 목소리가 여자 목소리보다 멀리 간다? / 114
19화 계란 흰자에는 영양가가 없다? / 120
20화 고양이는 단맛을 잘 못 느낀다? / 126
21화 소가 지구 온난화에 영향을 끼친다? / 132
22화 손톱이 가장 빨리 자라는 손가락은 중지이다? / 138
23화 머리카락은 밤에 자란다? / 144
24화 타조는 뇌가 자기 눈보다 작다? / 150

1화. 개가 고양이보다 귀가 더 밝을까?

1화 개가 고양이보다 귀가 더 밝을까? `해설더하기`

강아지가 고양이보다 귀가 밝다고 생각할 수 있지만 사실 고양이의 청력은 개의 1.5배, 사람의 5배에 달합니다. 사람이 들을 수 있는 소리는 2만㎐밖에 안 되지만, 고양이들은 6만 5000㎐까지의 고음을 들을 수 있기 때문에 사람이 들을 수 없는 소리를 듣고 쥐와 같은 동물들을 사냥할 수 있습니다. 한편 고양이는 강아지보다 200배 이상의 기억력을 갖고 있기도 합니다. 기억력을 시간으로 따지면 강아지의 기억력은 불과 5분, 고양이는 16시간가량 기억할 수 있습니다. 이쯤 되면 고양이는 능력자라고 할 수 있죠?

개나리는 잎보다 꽃을 먼저 피운다?

개나리는 잎이 피기 전에 꽃을 먼저 피웁니다.

개는 파란색을 구분한다?

개는 색맹으로 알려져 있지만 파란색과 노란색은 구분할 수 있어 파란색과 노란색의 물건은 잘 찾는다고 합니다.

고양이는 모두 양발잡이이다?

연구 결과에 따르면 암고양이는 오른발잡이, 수고양이는 왼발잡이가 많다고 합니다.

남자와 여자는 갈비뼈 개수가 다르다?

성서에 나오는 아담의 이야기 때문에 다르게 생각할 수 있지만, 남자와 여자 모두 24개의 갈비뼈를 가지고 있습니다.

2화. 사자의 혀에는 뼈가 있다?

다 같이 사막여우네 집에서 노는 건 처음이네! 재미있겠다~!

어라?

2화 사자의 혀에는 뼈가 있다? 해설더하기

사자의 울음소리가 다른 동물에 비해 유난히 큰 것은 목 근처에 있는 혀뼈 때문입니다. 사자의 혀뼈에는 성대와 관련된 근육이 여러 개 붙어 있어 소리를 낼 때 입안에서 크게 진동합니다. 또한 사자는 입안이 넓어 뺨을 팽창시켰다가 오므릴 때 입소리가 쉽게 공명하게 됩니다. 그래서 같은 고양잇과이지만, 입안이 작은 고양이와는 비교할 수 없을 만큼 큰 울음소리를 낼 수 있답니다.

동물의 왕 사자는 혼자 사냥을 한다?

사자는 활동적인 분들 무리로 사냥을 하는데요, 사냥하는 것은 보통 많은 힘을 들이며, 그룹 내 암사자가 주로 활동합니다.

사자는 용맹해서 싸움을 좋아하지 않는다?

용맹은 싸움을 잘 한다는 뜻이 아닙니다. 사자는 용맹하고 힘이 세지만, 싸움보다는 화해를 좋아합니다.

호랑이와 사자가 싸우면 사자가 이긴다?

호랑이와 사자가 싸우면 보통 호랑이가 이긴다고 합니다. 호랑이는 몸집이 크고 힘이 세기 때문에 싸움에서 유리합니다.

수컷 사자는 태어날 때부터 갈기를 가지고 있다?

사자는 태어날 때는 갈기가 없습니다. 자라면서 수컷 사자만 갈기가 생깁니다.

3화. 어른과 갓난아이 중 누가 더 뼈가 많을까?

자, 오늘 수업은 여기까지!

선생님! 질문이 이쩌요!!

번쩍!

무... 무슨 질문이지?

10시간을 넘게 공부했는데..

3화 어른과 갓난아이 중 누가 더 뼈가 많을까?

갓 태어난 아기는 뼈의 개수가 무려 800개가 넘는다고 합니다. 그러나 아기가 자라는 동안 뼈들이 서로 붙고 합쳐져서 어른이 됐을 때 뼈의 개수는 206개로 줄어들게 됩니다. 어린아이의 두개골은 뼈가 붙어 있지 않아서 머리로도 숨 쉬는 것을 볼 수 있습니다. 이 두개골이 나중에 단단히 붙는 것을 생각해 보면 뼈가 자라면서 서로 붙는다는 것을 쉽게 이해할 수 있습니다. 어린아이일수록 높은 곳에서 떨어졌을 때 어른보다 충격이 덜한 것도 뼈의 개수가 많고 잘게 나뉘어 있기 때문입니다. 일반적으로 남자는 18~21세, 여자는 16~18세가 되면 뼈의 성장이 끝난다고 합니다.

가시를 가진 포유류는 고슴도치가 유일하다?

고슴도치 외에도 알라크리타, 호저 등 가시를 가진 포유류 동물이 있습니다.

손톱과 머리카락은 성분이 같다?

동물 피부의 각질층에서 만들어지는 딱딱한 물질입니다. 손톱, 머리카락, 동물의 뿔 등은 모두 같은 성분입니다.

모기는 공룡 시대 때에도 있었다?

모기는 쥐라기 시대부터 있었습니다.

인간의 최고 시력은 2.0이다?

우리나라 시력검사표의 최고 시력은 2.0이지만 인간의 최고 시력이 2.0인 것은 아닙니다. 몽골 초원에서 생활하는 유목민은 시력이 6.0 이상인 사람이 3.0 정도의 시력이 눈에 좋은 것으로 알려져 있습니다.

4화. 토끼는 걸을 수 없다?

두 둥

후... 드디어 도착했다!!

부릅!

내 꿈이 이루어질 이 도시에!

4화 토끼는 걸을 수 없다? 해설더하기

토끼는 앞다리가 짧고 뒷다리가 길어 빠르게 걷지 못합니다. 대신 두 앞발과 두 뒷발을 교차하면서 민첩하게 뛸 수 있습니다. 또 낮은 곳에서 높은 곳으로는 빠르게 올라갈 수 있지만 반대로 높은 곳에서 낮은 곳으로는 빨리 내려가지 못합니다.

토끼는 재미있는 특징이 많은 동물입니다. 보기와 다르게 왕성한 번식력을 자랑하고, 근육이 발달했지만 뼈와 장기는 약해 조심해서 다루어야 합니다. 순해 보이는 외모이지만 성격이 다혈질이라 자주 싸우기도 하고 한편으로 겁이 많아 물에 빠지거나 높은 곳을 싫어한다고 합니다.

토끼는 뒷다리가 앞다리보다 길다?

토끼는 앞다리가 짧고 뒷다리가 길어서 달릴 때 몸을 튕기듯 뜁니다.

파충류는 방귀를 뀌지 않는다?

파충류는 소화를 돕는 장균이 있어서 방귀를 뀝니다. 대표적으로 거북이나 뱀 등은 방귀를 자주 뀌는 편이라 체내에 방귀가 쌓이면 위험하다고 합니다.

판다는 고기 맛을 모른다?

판다는 육식동물이었지만 고기 맛을 느끼지 못해 대나무만 먹게 되었습니다.

하마와 고래는 조상이 같다?

고래에서 가장 가까운 동물은 하마이며, 5,500만 년 전 공통의 조상에서 갈라져 나와 현재의 하마와 고래로 진화하였습니다.

5화. 여자보다 남자의 머리카락이 더 빨리 자란다?

5화 여자보다 남자의 머리카락이 더 빨리 자란다?

해설더하기

보통 여자가 남자보다 머리카락이 빨리 자랄 것이라 생각하지만 머리카락 한 가닥이 자라는 속도는 남자가 여자보다 대체로 빠르다고 합니다. 반면 머리카락이 자라는 기간은 여자가 남자보다 훨씬 깁니다. 남자의 머리카락은 3년이면 성장을 멈추지만, 여자의 머리카락은 6~7년 동안 자랍니다. 이 때문에 같은 기간에 머리를 길러도 여자가 남자보다 머리카락이 더 풍성하고 빨리 자라는 것처럼 보이는 것입니다.

여드름은 사춘기 때만 난다?

여드름은 보통 사춘기 때 많이 나는 피부 질환이지만, 다른 시기에도 다양한 원인으로 생길 수 있습니다.

오징어는 척추가 있다?

오징어는 척추가 없는 연체동물입니다. 몸속에 있는 뼈대는 딱딱하지 않고 말랑말랑합니다.

원숭이도 지문이 있다?

원숭이, 침팬지, 오랑우탄 등의 영장류 동물은 손가락에 지문이 있습니다.

화분에 녹색 빛을 비추면 더 잘 자란다?

식물은 녹색 빛은 반사하고 붉은색 빛과 푸른색 빛을 흡수해 광합성을 합니다. 따라서 녹색 빛 만으로는 잘 자라지 않습니다.

6화. 꽃을 설탕물에 꽂아 놓으면 더 오래 산다?

6화 OX 잠깐퀴즈

6화 꽃을 설탕물에 꽂아 놓으면 더 오래 산다?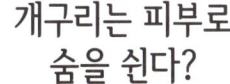

꽃을 설탕물에 꽂아 놓으면 더 오래 사는 이유는 설탕의 당 성분이 꽃의 양분 역할을 하기 때문입니다. 이 밖에 물에 꽂기 전에 아래 잎을 제거하고 줄기 끝을 잘라 내거나, 미생물 번식 억제를 위해 약간의 락스 같은 세제를 넣으면 더 오래 살 수 있습니다. 거름 대용으로 맥주를 주거나, 절화 수명 연장제라는 약품을 사용하기도 합니다. 온도가 낮고 바람이 적게 통하는 곳에 두는 게 좋으며 과일 옆에 두면 식물의 노화를 촉진하는 호르몬인 에틸렌이 발생해 꽃이 빨리 시들 수 있습니다.

개구리는 피부로 숨을 쉰다?

개구리는 폐로도 숨을 쉬지만 피부로도 숨을 쉽니다.

개도 왼발잡이와 오른발잡이가 있다?

동물도 사람처럼 왼발잡이, 오른발잡이가 있어요. 수컷은 왼발잡이, 암컷은 오른발잡이가 많다고 합니다.

곤충도 뼈가 있다?

곤충은 뼈가 없습니다. 곤충의 딱딱한 껍데기가 뼈 대신 신체를 지지하고 보호하는 역할을 합니다. 그것을 외골격이라고 합니다.

기린은 사람보다 목뼈의 개수가 많다?

기린과 사람의 목뼈의 개수는 7개로 동일합니다. 다만 기린의 목뼈가 더 큽니다.

7화 사이다를 마시면 소화가 잘 된다? `해설더하기`

탄산음료를 마시면 탄산음료 안에 있는 이산화탄소(CO_2)가 위에 들어가 위가 커지면서 이 공기가 빠져나올 때 트림이 나는 것인데 실제 소화가 되는 것은 아닙니다. 사이다에 들어있는 이산화탄소가 입안을 자극해 침을 많이 발생시키고 위와 장의 운동을 촉진시키는 데 약간의 도움이 될 수 있다는 주장도 있지만, 의학계에선 소화와 관련된 의학적 효능은 없으며, 입맛을 개운하게 해주는 청량감을 줄 뿐이라고 말합니다. 오히려 소화를 돕기 위해 많은 양의 탄산음료를 마신다면 위와 장에 안 좋은 영향을 줄 수 있습니다.

단것을 많이 먹으면 시력이 나빠진다?

단 음식을 즐겨 먹으면 몸속 칼슘이 당분을 중화시키기 위해 소모되어 뼈와 눈의 공막이 약해져 시력이 나빠질 수 있습니다.

땀은 원래 냄새가 없다?

땀은 원래 냄새가 나지 않지만 공기중의 세균과 만나 피부 표면에서 분해되는 냄새입니다.

바둑알은 흰 알과 검은 알의 크기가 다르다?

바둑알은 검은 알의 지름이 흰 알의 지름보다 0.3mm 더 큽니다. 이는 흰색이 검정색에 비해 더 크게 보이는 착시효과 때문입니다.

방귀를 참아도 몸에 해롭지 않다?

참으면 몸속 노폐물이 배출되지 않고, 장에 쌓여 각종 질병을 유발하고 혈액에도 흡수되어 몸의 균형을 깨뜨려 건강에 해롭습니다.

8화. 목성에는 우주선이 착륙할 수 없다?

쿠오오오-

와… 예쁘다!

8화 목성에는 우주선이 착륙할 수 없다? 해설더하기

목성은 지구의 11배 크기로 태양계에서 가장 큰 행성입니다. 지구와는 달리 단단한 지반이 없이 수소, 헬륨 등의 기체로 이루어져 있어 우주선이 착륙할 수 없습니다. 목성에서 가장 눈에 띄는 것은 어두운 줄무늬인데, 검은 줄무늬를 '띠(belt)', 그리고 밝은 줄무늬를 '대(zone)'라고 부릅니다. 대는 띠보다 온도가 낮아 더 높은 상층에 위치하며 대는 고압의 상승영역이고, 띠는 저압의 하강 영역입니다. 목성의 대기에는 '대적점'이라는 지구보다 큰 붉은 점이 있는데 이는 타원 모양의 큰 소용돌이로 내부 풍속이 100㎧에 가까울 정도로 매우 역동적입니다. 강한 자기장을 갖고 있으며 공전 주기는 11.86년, 자전 주기는 9시간 55.5분입니다.

달은 스스로 빛을 낸다?

달은 스스로 빛을 내지 못합니다. 달은 태양의 빛을 반사해 표면에 반사되는 것입니다.

비행기는 뒤에서 바람이 불면 쉽게 뜬다?

비행기가 뜨는데(이륙하는) 필요한 공기의 저항이 맞바람보다 약해지기 때문입니다.

스컹크의 방귀는 1km 밖까지 퍼진다?

스컹크 방귀의 사거리는 2~5m이나, 냄새가 너무 독해 1km 밖에서도 그 냄새를 맡을 수 있다고 합니다.

지구는 타원형이다?

지구는 둥근 공 모양의 완벽한 구형이 아니라 적도 부근이 불룩한 타원형입니다. 지구 자전에 의한 원심력이 적도 부근에 작용하기 때문입니다.

9화. 더울 땐 감기에 걸리지 않는다?

9화 더울 땐 감기에 걸리지 않는다? 해설더하기

감기는 주로 면역력이 약해졌을 때 바이러스의 감염에 의해 생기는 질환입니다. 날씨와 상관없이 면역력이 약하거나 떨어질 때 감기에 잘 걸립니다. 그래서 더운 여름에도 감기에 걸릴 수 있습니다. 보통 추우면 감기에 잘 걸린다고 생각하지만 날씨가 추운 극지방에서는 오히려 바이러스가 살기 어려워 감기에 걸리기 어렵습니다. 따라서 감기에 걸리지 않으려면 평소 충분한 수면과 올바른 식습관, 위생관리를 통해 면역력을 키우는 것이 좋습니다. 감기에 걸렸을 때 먹는 감기약은 증상이나 통증을 완화해 줄 뿐이며, 실제 감기를 치료하는 것은 환자의 면역입니다. 참고로, 감기와 독감은 원인 바이러스가 다르며 그 증상도 감기와는 차이가 있습니다.

전갈은 사실 꼬리가 없다?

전갈의 꼬리로 알려진 운동능력이 있는 길쭉한 부위는 사실 꼬리가 아니라 배의 일부분입니다. 전갈은 배의 마디가 이동하면서 꼬리처럼 보이는 것입니다.

지구에서 가장 빠른 포유류는 치타이다?

치타는 지구에서 가장 빠른 포유류입니다. 최대로 달릴 시에 80~120km/h의 속력을 내며, 가속할 경우엔 시속 무려 130km까지 속력을 낼 수 있습니다.

추울 때 뜨거운 물이 찬물보다 빨리 언다?

뜨거운 물이 찬물보다 더 빨리 어는 현상을 음펨바 효과라고 합니다. 1963년 탄자니아의 음펨바라는 학생이 발견한 현상이며, 아직 과학적으로 완벽히 설명되지 않은 미스터리입니다.

코끼리는 점프를 할 수 없다?

코끼리는 몸무게가 너무 무거워 네 발을 동시에 뗄 수 없기 때문에, 점프를 할 수 없는 유일한 포유류로 알려져 있습니다. 빠르게 걷거나 뛸 수는 있지만 점프는 하지 못합니다.

10화. 코끼리는 코로 물을 마신다?

부우웅

와오! 동물들이 많네!

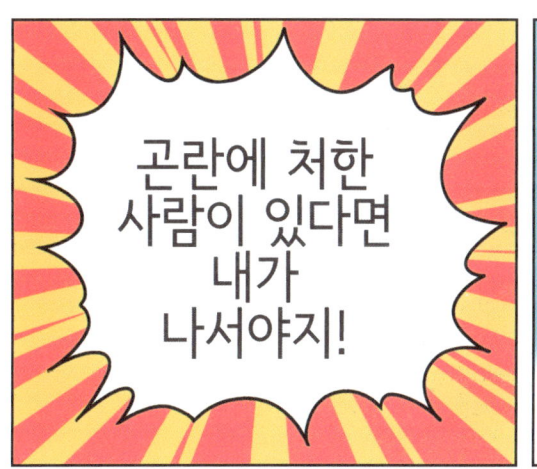

10화 OX 잠깐퀴즈

10화 코끼리는 코로 물을 마신다? [해설더하기]

코끼리는 코로 물을 빨아들인 후 그 물을 다시 입안에 뿜어 넣으면서 마십니다. 한 번에 2리터 페트병 3개 정도의 양을 빨아들일 수 있으며 하루에 100리터 정도의 물을 마신다고 합니다. 15만 개 이상의 근육으로 되어있는 긴 코를 손처럼 활용하여 열매를 따거나 물건을 잡을 수 있으며 코로 소리를 내어 대화도 할 수 있다고 합니다.
코끼리는 현존하는 가장 큰 육상 동물로 아프리카코끼리와 아시아코끼리 두 종류가 있습니다. 보통 60~70년 정도를 살 수 있으며 유인원, 돌고래, 까치 등과 함께 거울 속 자신을 인식하는 몇 안 되는 명석한 동물이기도 합니다.

코끼리도 땀을 흘린다?

코끼리는 땀이 아닌 침으로 체온을 조절합니다. 귀에는 땀샘이 발달되어 있고 물을 끼얹어 온몸을 식혀줍니다.

기린은 뿔이 있다?

수컷은 두 개이고 아시아 기린, 암컷은 수 개 있는 다양한 종류가 있습니다. 수컷은 뿔의 수가 많을수록 힘이 세고 권력이 높습니다.

치타는 오래달리기 선수이다?

치타는 단거리 육상선수 300~400m 정도 전력 질주 속력이 빨리게 되어있습니다.

펭귄은 이빨이 있다?

펭귄은 조류로 이빨이 없습니다. 대신 혀와 입에 수많은 돌기가 나 있어 미끄러운 물고기를 잡아 먹기 좋습니다.

11화. 스핑크스 고양이는 고대 이집트부터 기르기 시작했다?

이상하다…

어떻게 이럴 수가 있지?

11화 스핑크스 고양이는 고대 이집트부터 기르기 시작했다? 해설더하기

스핑크스 고양이는 원시적인 모습과 이름 때문에 고대 이집트까지 연원이 거슬러 올라가는 유서 깊은 품종 같아 보이지만, 실은 1960년대 캐나다에서 자연 발생 돌연변이 개체라는 것이 정설입니다. 사실 고대 아스테카 제국 시절에 원종이 있었지만 멸종되어 혈통이 끊긴 뒤 저 돌연변이 개체에 품종 역사가 다시 시작된 것입니다. 그리고, 스핑크스는 다른 고양이들과 달리 털이 거의 없고 주름이 진 피부를 드러내고 있습니다. 이 때문에 처음 보는 사람들에게는 굉장히 기괴한 인상을 주기도 한답니다. 또한, 피부가 노출되어 있어 피부병이 발생하기 쉬우며 관리에 특히 주의가 필요한 동물이기도 합니다.

한국 돌고래와 미국 돌고래는 말이 통한다?

토마토는 익혀 먹는 것이 더 좋다?

지렁이는 흙을 먹고 산다?

스컹크의 방귀에는 최루 성분이 들어있다?

12화. 판다의 주식은 대나무이다?

쿨… 쿨…

음냐… 응?

12화 판다의 주식은 대나무이다? 해설더하기

전 세계적으로 희귀종이며, 중국에서는 국가 간 교류에도 큰 몫을 하는 판다는 현재 3천여 마리가 살고 있습니다. 식육목 곰과에 속하는 동물로 본래는 육식동물이었으나 고기 특유의 맛을 느끼는 유전자에 돌연변이가 일어나 고기 맛을 느끼지 못하게 되고 대나무를 주식으로 하는 초식동물이 되었다는 학자들의 주장이 있습니다. 판다는 죽순을 가장 좋아하지만, 거의 뿌리를 제외한 대나무 전체를 먹고 에너지 소비를 최소화하기 위해 많이 움직이지 않는다고 합니다. 또한, 판다는 세계야생동물기금협회의 상징이기도 합니다. 보통 중국의 상징 동물은 용이지만, 국제적으로는 판다가 대신하기도 합니다.

쥐가 코끼리보다 오래 산다?

코끼리는 50년 이상 살지만 쥐는 2~3년 정도밖에 살지 못합니다.

흔들었을 때 소리가 나는 계란이 신선하다?

계란은 오래 될수록 수분이 빠져나가고 크기가 작아집니다. 따라서 흔들었을 때 움직일 공간이 많아지게 됩니다.

임신을 하면 손톱이 빨리 자란다?

임신중 손톱과 머리카락은 평소보다 3배쯤 빨리 자랍니다.

열대지방에서 자란 나무는 나이테가 없다?

나이테는 여름과 겨울의 자람의 속도 차이 때문에 생기는 것인데, 열대지방은 계절의 차이가 나타나지 않아 나이테가 생기지 않습니다.

13화. 남자가 여자보다 벼락 맞을 확률이 높다?

당신이 바로 천둥과 번개를 마음대로 부린다는 마법사인가…

13화 남자가 여자보다 벼락 맞을 확률이 높다? **해설더하기**

미국 국립해양대기청(NOAA)이 발표한 자료에 따르면, 벼락을 맞고 사망한 사람의 84%, 다친 사람의 82%가 남성이었다고 합니다. 남자가 여자보다 벼락을 맞을 확률이 무려 5배나 더 높다는 통계 결과입니다. 성별에 따른 이 같은 차이에 대해 미 국립기상청은 "아마도 남성이 벼락 위험을 감내하고 밖으로 나서는 경우가 더 많기 때문일 것"이라고 추정했습니다. 남자들은 여자보다 겁이 없고 고집이 세서 벼락 맞을 확률이 훨씬 더 높다고도 하는데요. 한마디로 남자들은 삼손, 돈키호테처럼 위험한 상황이면 되레 밀고 나가려는 성향이 여자보다 훨씬 더 강하기 때문입니다. 벼락으로부터 안전하려면 건물 안으로 피신하거나, 몸을 낮추고 뾰족한 우산이나 금속제 물건으로부터 멀리 떨어져 있어야 하며 물이 없는 움푹 팬 곳이나 지하로 대피하는 것이 좋습니다.

꿀벌의 일벌은 수컷이다?

꿀벌의 일벌은 모두 암컷입니다.

다이아몬드는 불에 탄다?

다이아몬드의 성분은 탄소로, 700도 이상의 온도에서 연소하여 이산화탄소가 됩니다.

면도를 하면 털이 많아진다?

모든 털은 뿌리의 모낭에서 자라는데, 털이 많아지는 것과 면도는 상관이 없습니다.

북극곰의 피부색은 검은색이다?

하얀 털을 가진 북극곰의 피부색은 검은색이며, 검은색 피부는 열을 잘 흡수합니다.

14화. 지구 최초로 우주 여행을 한 생명체는 개이다?

14화 지구 최초로 우주여행을 한 생명체는 개이다?

지구 생명체의 우주로의 첫 진출은 이렇게 시작됩니다. 1957년 11월 3일 스푸트니크 2호는 라이카라는 주인 없는 떠돌이 개를 태우고 발사됩니다. 처음으로 우주 비행을 한 라이카는 7일간 지구 궤도에 머물렀다고 하나, 우주로 보내진 지 몇 시간 지나지 않아 스트레스와 내부 고열로 그만 죽게 되었다고 합니다. 그리고 귀환할 방법과 계획도 없었다고 후일 알려졌고요. 그러나 그 후 알려진 정보로 인해 인간 최초의 우주비행사 유리 가가린의 우주 비행에 많은 도움을 주었으며, 실질적인 우주 개척의 시작이자 이정표가 된 기록이며 사건이었습니다. 그 후 스푸트니크 2호는 1958년 4월 13일까지 지구 궤도를 비행했습니다.

불을 끌 때 뜨거운 물보다 찬물을 써야 불이 잘 꺼진다?

달은 지구와 점점 멀어지고 있다?

개는 앞발과 뒷발의 발가락 수가 다르다?

개도 웃을 수 있다?

15화. 히말라야산맥은 바닷속에서 만들어졌다?

15화 OX 잠깐퀴즈

15화 히말라야산맥은 바닷속에서 만들어졌다? **해설더하기**

세계의 지붕이라고 하는 히말라야의 시작은 원래 바다의 밑바닥이었습니다. 지금부터 약 6000만 년 전에 이 지역은 테티스해라고 하는 바다였다고 합니다. 물론 대륙도 지금과는 전혀 다른 모양이었습니다. 테티스해를 사이에 두고 남쪽에 곤드와나 대륙, 북쪽에는 로라시아 대륙이 있었습니다. 그리고 이 테티스해로 흘러 드는 강이 양 대륙에 많은 흙과 진흙을 운반해 해저에 쌓이게 되었습니다. 지각변동으로 두 대륙이 가까워지면서 양 대륙 사이에 있었던 테티스해의 해저가 천천히 솟아오르게 되어 지금의 히말라야산맥이 되었습니다. 그 증거로 바다에 있던 조개들이 화석으로 발견되고 있습니다.

강과 바다를 오가는 물고기가 있다?

맞아요. 연어, 송어 등과 같은 물고기는 알을 낳을 때가 되면 바다에서 강으로 올라갑니다.

금붕어도 잠을 잔다?

물고기는 눈꺼풀이 없어서 눈을 뜨고 자지만 금붕어도 밤이 되면 잠을 잘 수 있습니다.

국회의사당의 지붕은 원래 붉은색이었다?

국회의사당의 돔지붕은 원래 붉은색이었습니다. 지붕의 재질이 동으로 이루어져 있기 때문인데, 세월이 지나면서 푸른 녹이 슬어 지금의 청록색을 띠게 된 것입니다. 1975년 완공 당시에는 붉은색이었습니다.

남극은 사막이다?

남극은 강수량이 적어 건조한 땅이 많고 실제 얼음의 양이 적어 남극 대륙의 일부는 사막입니다.

16화 고래는 냄새를 맡을 수 없다? 해설더하기

우리가 알고 있는 일반적인 고래, 돌고래와 같은 이빨고래류 고래들은 후각기관이 퇴화하여 냄새를 맡지 못하지만, 대신에 음파를 이용한 청각 기능이 잘 발달되어 있어서 이를 통해 사냥하는 것으로 알려져 있습니다. 그러나 이빨고래류와는 달리 수염고래류인 큰머리고래는 냄새를 맡을 수 있다고 합니다. 큰머리고래의 뇌를 해부한 결과 뇌와 코를 연결하는 후각로와 뇌 후각 영역의 후각 망울이 있었고 후각 수용체 단백질도 가지고 있어 후각을 담당하고 있는 기관이 모두 존재한다고 합니다. 큰머리고래의 후각 능력은 개코원숭이와 비슷한 수준으로 인간보다 뛰어나다고 합니다.

고래는 물 밖에서 숨을 쉴 수 없다?

고래는 폐로 호흡하는 포유류로 물 밖에서 숨을 쉴 수 있습니다. 물 속에서는 숨을 쉴 수 없답니다.

고래는 물 위에 떠서 잔다?

고래는 헤엄치면서 눈을 감고 자기도 하고 수면에 떠올라 잠을 잘 때도 있답니다.

고래는 물고기가 아니다?

고래는 포유동물입니다.

상어와 고래는 가까운 동물이다?

상어는 어류이기 때문에 포유동물인 고래와 가까운 동물이 아닙니다.

17화. 지구에서는 달의 한쪽 면만 보인다?

오늘도 모여주셔서 감사합니다.

달을 사랑하는 여러분! 반갑습니다!

네~! 반갑습니다!!

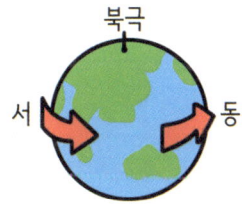
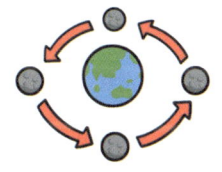

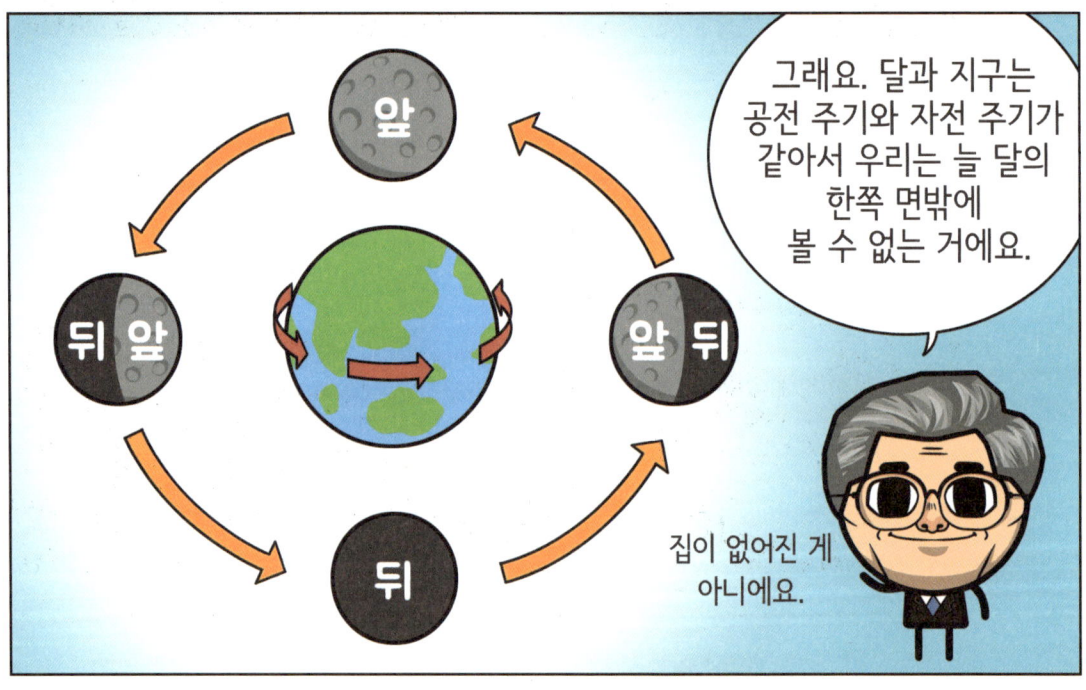

17화 OX 잠깐퀴즈

17화 지구에서는 달의 한쪽 면만 보인다? **해설더하기**

달은 언제나 우리에게 한 면만 보여줍니다. 우리에게 늘 토끼처럼 보이는 형상만 보이는 이유는 그래서입니다. 옛날에는 달의 뒷면이 참 신비스러운 존재였지만 1959년 소련의 루나 2호가 달의 뒷면을 돌면서 찍은 사진을 전송해 오면서 인류는 처음 달의 뒷면을 볼 수 있게 되었습니다. 루나 2호는 사진 전송 후 달에 추락하였습니다. 이렇게 달이 우리에게 한 면만 보이는 이유는 달이 지구를 한 바퀴 돌 때 달 자신도 정확히 한 바퀴를 돌기 때문이며, 이걸 공전 주기와 자전 주기가 일치한다고 표현합니다. 정확하게는 공전 주기 27.321일, 자전 주기 27.321일로 알려져 있습니다.

달에는 성조기가 꽂혀 있다?

NASA에 따르면 1969년부터 1972년까지 미국이 달에 갔을 때마다 성조기 총 5개를 꽂아 놓았습니다. 달 1969년 달 양면의 영향으로 아직 남아있는지 장담할 수 없다고 합니다.

달에서 골프를 친 사람이 있다?

1971년 아폴로 14호의 대장인 앨런 셰퍼드는 27m와 6번 아이언을 가지고 달에서 골프를 쳤습니다. 지구 중력의 6분의 1밖에 되지 않는 달 표면이어서 공이 매우 멀리까지 날라갔으며, 기록상 180m정도로 알려져 있습니다.

달에는 낮과 밤의 기온 차가 없다?

13일씩 번갈아 달의 낮과 밤이 교대로 찾아옵니다. 달의 낮과 밤의 기온 차는 무려 섭씨 200도 이상이라고 합니다.

달에서도 바람이 분다?

달은 대기가 없어 바람이 불지 못합니다.

18화. 남자 목소리가 여자 목소리보다 멀리 간다?

18화 남자 목소리가 여자 목소리보다 멀리 간다? 해설더하기

사람들이 일반적으로 대화를 할 때 목소리 음역은 100~4,000㎐(헤르츠)입니다. 남자는 보통 100~150㎐의 목소리를 갖고 있는데요, 1초에 100~150번 성대가 진동한다는 의미예요. 그리고 낮은 소리는 높은 소리에 비해 주위 공기 움직임의 영향을 덜 받기 때문에 멀리 전달됩니다. 소리가 높아지면 주파수가 같이 높아지고, 주파수가 높으면 파장은 짧아지고, 진동수가 많아집니다. 그래서 또렷하게 들리지만 전달 거리는 짧아지고요. 그래서 높은음인 여자 목소리보다 낮은음인 남자 목소리가 멀리서 더 잘 들리는 것입니다.

땀은 99%가 물이다?

땀은 99% 정도 물로 이뤄져 있고 나머지 1%는 염분과 요소 미네랄 등 노폐물이 있습니다.

머리카락의 세포는 살아있다?

머리카락은 피부의 각질층이 죽어 튀어나온 것으로 이동영양분이 없는 죽은 세포입니다. 그래서 머리카락이 잘려도 공통 느끼지 못합니다.

귀지는 귀에 먼지가 쌓여 생기는 것이다?

귀지는 귀 털과 점액샘에서 나온 분비물이 외부 먼지와 만나 굳은 것입니다.

귀뚜라미는 수컷만 운다?

귀뚜라미는 울음주머니는 수컷만 가지고 있어서 암컷을 유인하기 위해 자신의 날개를 비벼 소리를 냅니다.

- 119 -

19화. 계란 흰자에는 영양가가 없다?!

19화 계란 흰자에는 영양가가 없다?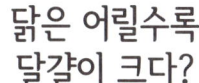

달걀은 단백질, 지방, 탄수화물, 비타민 등을 고루 포함하여 완전식품이라고 합니다. 특히 영양의 결정체라고 하는 노른자는 몸에 좋은 불포화지방산과 단백질이 주된 성분이죠. 따라서 아이들의 두뇌활동 발달에 좋은 영향을 주며 성장에도 크게 도움이 됩니다. 흰자 역시 영양분이 풍부하며 3.5g의 단백질이 들어있는 반면 지방은 거의 없고 칼로리 역시 20kcal로 매우 낮아 근육질 몸매를 만들 때 흰자만 먹는 사람이 많습니다. 게다가 흰자에 들어있는 단백질과 필수아미노산은 간 기능 활성화에 효과가 있습니다. 또한, 전문가들은 섭취 성향별로 흰자, 노른자의 기호가 다를 수 있지만 각 영양 성분이 다르기 때문에 같이 먹는 것을 권장하고 있습니다.

닭은 어릴수록 달걀이 크다?

독사를 잡아먹는 동물이 있다?

뒤로 날 수 있는 새도 있다?

두꺼비는 이빨이 있다?

20화 고양이는 단맛을 잘 못 느낀다?

아이스크림 가게 개장을 축하해주셔서 감사합니다~

20화 고양이는 단맛을 잘 못 느낀다? 해설더하기

강아지는 과자나 과일을 좋아하지만, 고양이는 시큰둥해하는 것을 볼 수 있습니다. 이것은 고양이가 단맛을 느끼지 못하기 때문입니다. 단맛, 신맛, 짠맛, 감칠맛 등 5가지 맛을 골고루 느끼는 사람과 달리 동물들은 자신의 주식에 따라 몇 가지 맛만 느끼도록 미각이 발달하였습니다. 잡식성인 강아지와 달리 고양이는 주로 육식을 하므로 탄수화물과 당분을 감지하는데 필요한 단맛을 느낄 필요가 없는 것입니다.

고양이는 발가락으로 걷는다?

고양이는 다리가 아닌 발가락 끝으로 걷는 동물입니다. 이렇게 걷는 동물을 지행성 동물이라고 합니다.

모기의 침은 한 개이다?

아닙니다. 모기의 침은 6개입니다. 모기가 피부를 찌를 때 사용하는 침은 2개이고 나머지 2개는 피부를 벌리고 2개는 피를 빨아들이는 역할을 합니다.

모기의 앵앵 소리는 입으로 내는 것이다?

아닙니다. 모기가 1초에 800번 이상 빠르게 날갯짓을 하기 때문에 나는 소리입니다.

고양이는 발톱을 숨길 수 있다?

고양이는 발톱을 숨길 수 있는 유연한 발가락 관절을 가지고 있는 동물입니다.

21화 OX 잠깐퀴즈

21화 소가 지구 온난화에 영향을 끼친다? 해설더하기

소와 같은 되새김 동물은 4~5개의 위를 가지고 있습니다. 이들은 주로 풀을 뜯어 먹는데, 이 풀에는 사람이나 다른 동물들은 잘 소화하지 못하는 섬유질이 포함되어 있습니다. 되새김 동물은 씹어 삼킨 풀을 특정 위에 저장했다가 다시 씹고 삼키고 다른 위에 저장하는 되새김질을 되풀이하는 방식으로 섬유질을 거뜬히 소화해 냅니다. 문제는 이 소화 과정에서 지구 온난화를 부추기는 메탄가스가 발생하고 이들의 트림과 방귀로 배출되는 것입니다. 대기 중 메탄가스의 양은 지구 온난화의 또 다른 주범인 이산화탄소의 200분의 1에 불과하지만 온실가스 효과는 이산화탄소의 20배에 달합니다. 소 때문에 발생하는 메탄가스의 양이 전체 메탄가스의 25%라고 하니, 지구 온난화의 주범이 소라고 해도 과언이 아닙니다.

기린은 싸울 때 목을 휘두른다?

기린은 싸울 때 목을 휘두릅니다. 기린의 목에는 강력한 근육과 인대가 붙어 있어서 채찍처럼 휘두릅니다. 그리고 기린의 머리에 있는 돌기를 뿔처럼 이용해 때려서 상대방을 굴복시키거나 죽음에 이르게 하기도 합니다.

까치는 거울을 볼 수 있다?

까치는 매우 영리한 새로, 동물 중에 거울 속의 자신을 알아보는 지능이 있다고 합니다. 2008년 실험에서 까치는 거울에 비친 자신의 모습을 보고 몸에 붙은 이물질을 떼어 내는 행동을 보였습니다.

다이아몬드를 쇠망치로 내려쳐도 깨지지 않는다?

다이아몬드는 단단함과 강도를 나타내는 경도가 매우 높지만 잘 부서지는 성질도 있습니다. 쇠망치로 내려치면 다이아몬드는 쉽게 부서지고 맙니다. 경도가 높다는 것은 긁혔을 때 잘 긁히지 않는다는 뜻입니다.

달팽이도 이빨이 있다?

달팽이의 이빨은 무려 1만 2천여 개로, 이를 이용해 먹이를 갉아 먹습니다. 달팽이의 이빨은 다른 동물의 이빨과 다릅니다.

22화. 손톱이 가장 빨리 자라는 손가락은 중지이다?

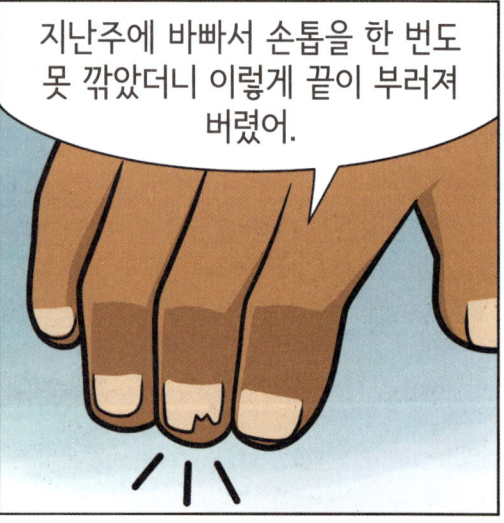

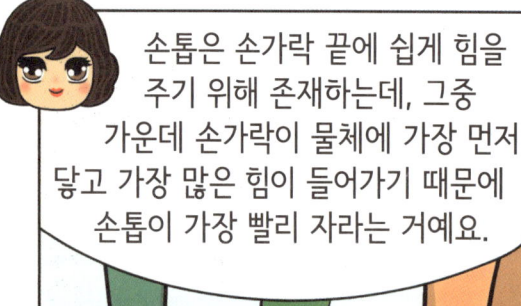

22화 OX 잠깐퀴즈

22화 손톱이 가장 빨리 자라는 손가락은 중지이다? **해설더하기**

손톱은 사람에 따라 차이가 있지만, 하루에 약 0.1㎜씩 매일 조금씩 자랍니다. 손톱은 손끝을 보호하고 물건을 잡을 때 힘을 집중시키는 역할을 합니다. 그 때문에 많이 사용하고 외부의 자극을 많이 받는 손가락이 손톱도 빨리 자라게 됩니다. 대부분 손톱이 가장 빨리 자라는 손가락은 중지입니다. 중지는 다섯 손가락 중에서 가장 길고 가운데 있어서 물건을 잡을 때 가장 먼저 닿고 힘을 가장 많이 쏟게 됩니다. 발톱보다 손톱이 더 빨리 자라는 이유도 발끝보다 손끝을 더 많이 사용하기 때문입니다.

개는 발톱을 숨길 수 있다?

개는 고양이와 달리 발톱을 숨길 수 없습니다. 고양이는 발톱을 숨길 때 발톱이 쏙 들어갑니다.

거미는 곤충이다?

거미는 다리가 8개인 절지동물입니다.

고막이 없어도 소리를 들을 수 있다?

곤충에는 귀가 없지만 그 대신 소리를 듣는 여러 가지 방법이 있습니다. 곤충은 몸의 털을 통해 소리를 들을 수 있습니다.

먼지를 많이 마셨을 때는 삼겹살을 먹으면 좋다?

삼겹살이 먼지를 내보내는 데 도움을 준다는 과학적 근거는 없습니다. 채소나 과일, 물을 많이 마시는 것이 몸속 먼지를 내보내는 데 도움이 됩니다.

23화. 머리카락은 밤에 자란다?

곧 녹화 시작합니다!

하이- 큐!

탁!

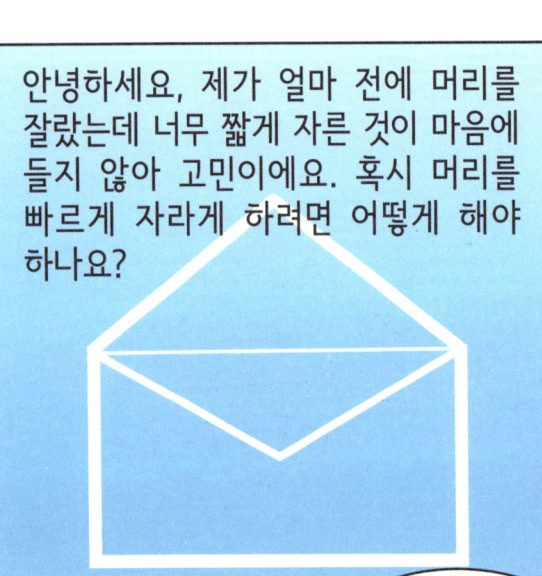

23화 머리카락은 밤에 자란다?

머리카락은 밤에는 거의 자라지 않습니다. 아침이 되면 자라기 시작해 오전 10시에서 11시 사이에 가장 빠른 속도로 자랍니다. 계절상으로는 겨울보다 여름에 머리카락이 빨리 자랍니다. 머리카락이 빨리 자라길 원한다면 영양 관리에 신경 써야 합니다. 달걀노른자, 시금치, 우유, 땅콩 등은 머리카락의 성장에 도움을 줍니다. 머리카락에 윤기가 흐르게 하려면 다시마, 미역 등의 해조류를 많이 섭취하는 것이 좋습니다.

피를 빨아먹는 모기는 암컷이다?

정답은 O입니다. 수컷 모기는 피를 빨지 않고 꽃의 꿀이나 수액 등을 먹고 삽니다.

캥거루 어미는 새끼가 태어나면 직접 자신의 주머니에 넣는다?

정답은 X입니다. 캥거루 새끼는 태어나자마자 혼자서 어미의 주머니 속으로 들어갑니다.

전갈은 주로 밤에 활동한다?

정답은 O입니다. 전갈은 낮에는 돌 밑이나 땅속에 숨어 있다가 밤에 나와 먹이 활동을 합니다.

의학적으로 얼굴과 머리의 경계는 머리카락이다?

정답은 X입니다. 의학적으로 머리카락이 23번째 얼굴 뼈를 지나 이마와 만나는 곳을 얼굴과 머리의 경계로 봅니다.

24화. 타조는 뇌가 자기 눈보다 작다?

거의 다 됐다…!

지지직

완성됐다…!

24화 타조는 뇌가 자기 눈보다 작다?

해설더하기

타조는 지구상에서 가장 크고 무거운 새로 키가 약 2.5m, 몸무게는 약 150kg에 달합니다. 그에 반해 뇌의 크기는 매우 작습니다. 자신의 눈보다도 뇌가 작기 때문에 기억력이나 지능이 다소 떨어지는 것으로 알려져 있습니다. 대신 테니스공만 한 눈은 엄청난 능력을 발휘합니다. 시력이 25에 달해 멀리 있는 적도 한눈에 알아차리고 다가올 낌새만 보여도 멀리 달아나 버립니다. 타조는 최고 시속 90km까지 달릴 수 있고 시속 30km로 30분 이상 계속해서 달릴 수 있는 지칠 줄 모르는 체력을 가졌습니다.

흰색 닭은 갈색 달걀을 낳을 수 없다?

하마는 매우 느린 동물이다?

팔과 다리의 뼈의 개수가 몸 전체 뼈의 절반 이상이다?

물고기는 색맹이다?

초판 1쇄 발행 | 2018년 05월 01일
초판 2쇄 발행 | 2018년 08월 01일
초판 3쇄 발행 | 2019년 01월 01일

글쓴이 | 윤나라
그린이 | 김정준 · 박은숙
감　수 | 전순옥(회룡초등학교 교사)

펴낸곳 | 버즈파우더(주)
펴낸이 | 박진우 · 박인호
편　집 | 김지욱
마케팅 | 김찬 · 박영국

주　소 | (07574) 서울특별시 강서구 양천로 452, A동 407호
전　화 | (070) 4077-1100
팩　스 | (070) 7500-2025
이메일 | odir@naver.com
홈페이지 | https://game.nanoo.so/oxquizsurvival

등록번호 | 제2018-000027호
등록일 | 2018년 2월 27일

이 책은 저작권법에 따라 보호를 받는 저작물이므로 (주)버즈파우더의 동의 없이
이 책에 실린 글과 그림을 인용 · 복제하거나, 전산장치에 저장 · 전파할 수 없습니다.

ⓒ 버즈파우더(주) 2018
ISBN 979-11-963353-0-4(67030)
잘못된 책은 구입하신 서점에서 교환해 드립니다.

표지 · 본문 | 버즈파우더(주), design창(010 · 9135 · 6994)